Hauptgerichte mit Fleisch:

Gulaschsuppe mit Miniklößchen	S. 40
Gefüllte Miniröllchen mit Gemüse und Reis	S. 42
Schmorkohl mit Hackbällchen	S. 44
Gefüllte Paprikaschote mit Reis	S. 46
Kunterbuntes Hähnchencurry	S. 48
Schnelles Hühnerfrikassee	S. 50
Mediterraner Filettopf	S. 52
Putengeschnetzeltes mit fruchtiger Soße	S. 54
Geflügelbolognese mit Makkaroni	S. 56
Überbackene Tortellini	S. 58
Rahmchampignons mit Schweinefiletstreifen	S. 60
Hackbällchen mit Tomatensoße	S. 62
Türkische Pizza mit Salat	S. 64

Kuchen & Desserts:

Brownies	S. 66
Erdbeerbiskuitrolle	S. 68
Schokoladen-Kirsch Biskuit	S. 70
Schokocookies	S. 72
Blaubeertiramisu	S. 74
Beerentraum	S. 76
Latte Macchiato Creme	S. 78
Leichte Erdbeercreme	S. 80
Risotto-Dessert m. Erdbeeren	S. 82
Orangencreme m. Schokoraspeln	S. 84
Apfel-Nuss-Muffins	S. 86
Apple Crumble	S. 88
Apfelpäckchen	S. 90

Tipps & Tricks

Fleisch & Fisch garen im Varoma:

Hinweis:
Bitte immer darauf achten, dass genügend Schlitze frei bleiben, damit der Dampf entweichen kann.

Für das Garen von Fleisch und Fisch im Varoma gibt es 2 Möglichkeiten:

1. Auf Backpapier
Legen Sie einfach ein Stück Backpapier in den Varoma und geben dort das Gargut darauf. Dies hat den Vorteil, dass das Eiweiß, dass sich beim Garen aus dem Fleisch löst, nicht in den Mixtopf tropft.

2. Öl ins Wasser
Alternativ verzichten Sie auf das Backpapier und legen z.B. den Fisch direkt auf das Gemüse. Da das gelöste Eiweiß jedoch in den Mixtopf tropft, kann es aufschäumen und überkochen. Um dies zu verhindern, geben Sie einfach 1 TL Öl mit in das Wasser.

Leichter Genuss....

... das heißt auf keine Fall Verzicht auf Geschmack!

In unserem Rezeptheft finden Sie neben leichten Vorspeisen, Hauptgerichte mit und ohne Fleisch, sowie Beilagen auch köstliche Kuchen und Desserts. Durch die Vielfalt der Rezepte können Sie Ihren Speiseplan durchaus verlockend und abwechslungsreich gestalten.

In den nachfolgenden Rezepten können Sie bei besonderer Ernährungsform ganz leicht punkten. Aber auch alle wichtigen Nährwertangaben wie Kcal, Fett, Eiweiß und Kohlehydrate sind mit angegeben. So können Sie auf einfache Art Ihren Speiseplan ganz leicht und abwechslungsreich gestalten.

Guten Appetit wünscht
Cornelia Sieder

Pro Portion:
3

Mit diesen Angaben können Sie ganz leicht punkten! Nach dem neuen System!

Inhaltsverzeichnis & Rezeptübersicht

Tipps & Tricks zum Garen im Varoma   S. 6
Hackfleisch aus dem Thermomix   S. 7

Suppen:

Gemüsesuppe mit Bohnen u. Nudeln	S. 8
Kartoffelcremesuppe	S. 10
Knoblauchsuppe mit Tomaten	S. 12
Schnelle Zucchinisuppe	S. 14

Snacks:

Zucchini-Tatar-Röllchen	S. 16
Mediterraner Kichererbsensalat	S. 18
Kartoffelpizzen m. Käsecreme u. Rucola	S. 20
Italienische Crostini	S. 22
Käseschnecken	S. 24
Überbackene Schinkenröllchen	S. 26
Bruschetta	S. 28
Weisskrautsalat	S. 30
Zaziki	S. 30

Hauptgerichte mit Fisch:

Fischfilet mit Reis und Brokkoli	S. 32
Fischfilet mit Parmesanhaube	S. 34
Thunfischlasagne	S. 36
Bandnudeln mit leichter Lachs-Frischkäse-Soße	S. 38

Hackfleisch aus dem Thermomix:

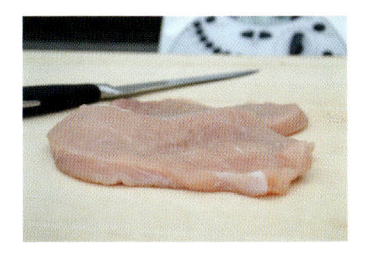

Und so funktioniert's:

Sie benötigen: 300-400 g Fleisch- bzw. Geflügelstücke

Vorbereitung:
Gewünschtes Fleisch bzw. Geflügel in kleine Würfel oder Streifen schneiden, (Sehnen dabei entfernen) flach nebeneinander in einem Gefrierbeutel oder einer flachen Gefrierbox einfrieren. (Vorratshaltung).

Bei Bedarf aus der Gefriertruhe nehmen und bei Zimmertemperatur ca. 30 Min. antauen lassen.

In den Mixtopf geben und
3-5 x 5 Sek./Stufe 5
(bis zur gewünschten Konsistenz) hacken. Fertig.

Wird eine größere Menge benötigt – hintereinander zubereiten!

Achtung: Funktioniert nur mit gefrorenem, leicht angetautem Fleisch oder Geflügel!

4 Portionen

Gemüsesuppe mit Bohnen und Nudeln

Zutaten:

1	Knoblauchzehe, geschält	500 g	passierte Tomaten
1 EL	Olivenöl	1 ½ TL	Gemüsebrühpulver
2	Möhren, in Scheiben	150 g	Nudeln
2 kl.	Zucchini, in Scheiben	2 TL	Petersilie (TK)
1 TL	getrockneter Thymian	120 g	Kidneybohnen (Dose)
2 TL	Basilikum	40 g	geriebener Parmesan
800 g	Wasser		Salz, Pfeffer

Zubereitung:

1. Knoblauchzehe in den Mixtopf geben und **5 Sek./Stufe 5** zerkleinern. Olivenöl, Möhren, Zucchini, Thymian und Basilikum dazugeben und **2 Min./Varoma/ ↺/Sanftrühstufe** erhitzen.

2. Wasser, passierte Tomaten und Gemüsebrühpulver hinzufügen und **7 Min./Varoma/ ↺/Sanftrührstufe** erhitzen.

3. Nudeln hinzufügen und **14 Min./Varoma/ ↺/Sanftrührstufe** garen.

4. Abgetropfte und leicht abgewaschene Bohnen und Petersilie zur Suppe geben und **2 Min./Varoma/ ↺/Sanftrührstufe** erhitzen.

5. Ggf. noch mit Salz und Pfeffer abschmecken. Mit Parmesan bestreut servieren.

Pro Portion:
6

Pro Portion:
Kcal: 163 | Fett: 6 g | Eiweiß: 10 g | KH: 14 g

Kartoffelcremesuppe

4 Portionen

Zutaten:

200 g	Sellerieknolle	1.200 g	Wasser
200 g	Möhren	4 TL	Gemüsebrühpulver
200 g	Lauch	2 EL	saure Sahne
500 g	Kartoffeln	2 TL	Majoran
			Salz, Pfeffer

Zubereitung:

1. Das Gemüse waschen, schälen und in grobe Stücke schneiden. Im Mixtopf **6 Sek./Stufe 7** zerkleinern.
2. Wasser und Gemüsebrühpulver zugeben und alles **25 Min./100°C/Stufe 1** kochen.
3. 1 EL Saure Sahne und Majoran hinzufügen. **20 Sek./Stufe 5** pürieren.
4. Mit Salz und Pfeffer abschmecken. Anschließend mit restlicher Sahne und frischem Majoran garniert servieren.

Pro Portion:
3

Pro Portion:
Kcal: 142,3 | Fett: 1,6 g | Eiweiß: 5,5 g | KH: 25,7 g

4 Portionen

Knoblauchsuppe mit Tomaten

Zutaten:

2 EL	Olivenöl	2 TL	Gemüsebrühpulver
24	Knoblauchzehen, geschält	½-1 TL	Oregano
4 kl.	Scheiben Vollkorntoast, in Stücken		etwas Chilipulver
		1	Lorbeerblatt
4	Tomaten, gewürfelt	1 EL	Petersilie, gehackt
800 g	Wasser		

Zubereitung:

1. Olivenöl **20 Sek./100°C/Stufe 1** erhitzen.
2. Knoblauchzehen und Toastbrotscheiben zugeben und **1 Min./100°C/ /Stufe 1** erhitzen.
3. Tomatenwürfel zugeben und **1 Min./100°C/ /Stufe 1** leicht einkochen lassen.
4. Wasser, Gemüsebrühpulver, Oregano, Chilipulver und das Lorbeerblatt dazugeben und **20 Min./100°C/ /Stufe 1** garen.
5. Lorbeerblatt herausnehmen und **30 Sek./ /Stufe 6** pürieren. Zusammen mit Petersilie bestreut servieren.

Tipp: Ggf. in einer Pfanne ein paar Croutons zubereiten und über die Suppe streuen.

Hinweis: Es handelt sich tatsächlich um **24** Knoblauchzehen!

Pro Portion:
3

Pro Portion:
Kcal: 191 | Fett: 7,86 g | Eiweiß: 5 g | KH: 24,7 g

Schnelle Zucchinisuppe

4 Portionen

Zutaten:

1	Zwiebel, halbiert	1	Zucchini, in Stücken
1 TL	Olivenöl	600 g	Wasser
100 g	Tatar	1-2 TL	Gemüsebrühpulver
100 g	Kartoffel, in Stücken		Salz, Pfeffer
1	Möhre, in Stücken		

Zubereitung:

1. Zwiebel **5 Sek./Stufe 6** zerkleinern.
   Olivenöl zugeben und **3 Min./100°C/Stufe 2** dünsten.
2. Tatar hinzufügen und **3 Min./100°C/Stufe 2** garen.
3. Kartoffel-, Möhren- und Zucchinistücke in den Mixtopf geben und **10 Sek./Stufe 5** zerkleinern.
4. Wasser und Gemüsebrühpulver in den Mixtopf füllen und **20 Min./100°C/Stufe 2** köcheln lassen.
5. Die Suppe nochmals **6 Sek./Stufe 5-6** pürieren.
   Ggf. mit Salz und Pfeffer abschmecken.

Pro Portion:
3

Pro Portion:
Kcal: 153 | Fett: 5,3 g | Eiweiß: 13,8 g | KH: 11,9 g

4 Portionen

Zucchini-Tatar-Röllchen

Zutaten:

1	Zwiebel, geschält, halbiert	200 g	Tatar
2	Knoblauchzehen, geschält	1 EL	Olivenöl
2 kl.	Zucchini, in Stücken	300 g	Naturjoghurt
4 Bl.	Filoteig		Salz, Pfeffer

Zubereitung:

1. Zwiebel, 1 Knoblauchzehe und Zucchini in den Mixtopf geben. **5 Sek./Stufe 6** zerkleinern. Olivenöl zugeben und **3 Min./100°C/Stufe 1** dünsten.

2. Tatar hinzufügen und **5 Min./100°C/ /Sanftrührstufe** garen. Mit Salz und Pfeffer abschmecken.

3. Filoteigblätter halbieren, so dass 8 kleinere Teigrechtecke entstehen. Zucchini-Tatar-Masse auf die obere Hälfte der Blätter mittig verteilen. Von den Seiten her zur Mitte hin einschlagen und einrollen.

4. Röllchen mit etwas Wasser bestreichen und auf ein mit Backpapier ausgelegtes Backblech geben. 10 Min. bei 200°C im vorgeheizten Backofen backen.

5. In der Zwischenzeit 1 Knoblauchzehe klein hacken und mit Joghurt und etwas Salz und Pfeffer verrühren. Zusammen mit den Zucchini-Tatar-Röllchen servieren.

Pro Portion:
5

Pro Portion:
Kcal: 261,4 | Fett: 13,1 g | Eiweiß: 17,5 g | KH: 24,4 g

Mediterraner Kichererbsensalat

2 Portionen

Zutaten:

1 kl.	Dose Kichererbsen	1 EL	Olivenöl
	(240 g Abtropfgewicht)	4 EL	Wasser
70 g	in Öl eingelegte Tomaten	2 EL	Zitronensaft
1 handvoll Blattpetersilie		1 TL	Sambal Oelek
1 kl.	Zwiebel, geschält, halbiert	50 g	Schafskäse, leicht
1	Knoblauchzehe, geschält		Salz, Pfeffer

Zubereitung:

1. Kichererbsen in einem Sieb abtropfen lassen, abspülen und in eine Schale füllen. Die eingelegten Tomaten gut abtropfen lassen. (Ggf. mit einem Küchenkrepp abtupfen).
2. Restliche Zutaten (bis auf den Schafskäse) in den Mixtopf geben und **3 Sek./Stufe 5** zerkleinern. Zu den Kichererbsen geben.
3. Schafskäse würfeln und zum Salat geben. Mit Salz und Pfeffer abschmecken.

Pro Portion:
7

Pro Portion:
Kcal: 243 | Fett: 6,2 g | Eiweiß: 25,8 g | KH: 26,9 g

8 Stück

Kartoffelpizzen mit Käsecreme und Rucola

Zutaten für den Teig:

600 g	Kartoffelkloßteig
1	Ei
½ TL	Salz
½ TL	Pfeffer

Zutaten für den Belag:

150 g	Schafskäse, leicht
150 g	Saure Sahne
1 TL	Cayennepfeffer
12	Cocktailtomaten, halbiert
1 handvoll Rucola	
	Salz, Pfeffer

Zubereitung:

1. Kartoffelkloßteig, Ei, Salz und Pfeffer in den Mixtopf geben und **20 Sek./Stufe 3** zu einem Teig verarbeiten.

2. Aus dem Teig 8 runde Kartoffelpizzen formen und auf ein mit Backpapier belegtes Backblech setzen. Im vorgeheizten Backofen bei 200°C ca. 20 Min. vorbacken.

3. In der Zwischenzeit Schafskäse, Saure Sahne und Cayennepfeffer **20 Sek./Stufe 4** vermischen.

4. Die vorgebackenen Kartoffelpizzen mit der Käsecreme bestreichen, Cocktailtomaten darauf verteilen und nochmals 15 Min. backen.

5. Zum Schluss mit Rucola bestreuen, ggf. mit Salz und Pfeffer nochmal würzen und servieren.

Pro Stück:
4

Pro Portion:
Kcal: 286,5 | Fett: 9,2 g | Eiweiß: 13,7 g | KH: 37,5 g

Italienische Crostini

4 Portionen

Zutaten:

1 kl.	Zucchini	1 TL	Salz
1	rote Paprika	1 TL	Paprikapulver
1	gelbe Paprika	1 TL	Pfeffer
2	Tomaten	4	Brötchen
2	Knoblauchzehen, geschält	2 Kugeln	Mozzarella light
1 EL	Olivenöl		

Zubereitung:

1. Gemüse waschen, in grobe Stücke schneiden und in den Mixtopf geben.
2. Knoblauchzehen, Öl und Gewürze zugeben und **3 Sek./Stufe 5** zerkleinern. Masse mind. 1 Std. gut durchziehen lassen.
3. Brötchen halbieren, ggf. das Weiche darin rausnehmen und mit der Crostinimasse füllen.
4. Jede Brötchenhälfte mit je zwei Scheiben Mozzarella belegen und ca. 10 bis 15 Min. bei 200°C im vorgeheizten Backofen überbacken.

Pro Portion:
7

Pro Portion:
Kcal: 552 | Fett: 17,9 g | Eiweiß: 36 g | KH: 61 g

Käseschnecken

14 Stück

Zutaten für den Teig:

180 g	Wasser
½ Würfel Hefe	
350 g	Mehl
1 TL	Salz
2 EL	Öl

Zutaten für die Füllung:

1	rote Paprika
1	gelbe Paprika
6	Scheiben fettarme Salami
150 g	Frischkäse bis 5 % Fett
2 EL	geriebenen Gouda
1	Eigelb
1 TL	Salz
½ TL	Pfeffer

Zubereitung:

1. Teigzutaten in den Mixtopf geben und **1 Min./Teigstufe** kneten.
2. Paprika waschen und vierteln, zusammen mit den halbierten Salamischeiben in den Mixtopf geben. **2 Sek./Stufe 5** zerkleinern
3. Restliche Zutaten für die Füllung zugeben und **1 Min./ /Stufe 1** vermengen.
4. Pizzateig ausrollen, mit der Füllung bestreichen und der Länge nach vorsichtig aufrollen. In eine Frischhaltefolie fest einrollen und mind. 1 Std. in den Kühlschrank geben.
5. Nach der Kühlzeit 14 Schnecken von der Rolle abschneiden und auf ein mit Backpapier ausgelegtes Backblech legen.
   Im vorgeheizten Backofen bei 180°C ca. 20 Min. backen.

Thunfischschnecken (Füllung):

1 Dose Thunfisch (abgetropft), 100 g Mais (abgetropft), 2 EL Tomatenmark, 2 EL Kapern, 1/2 P. TK 8 Kräuter, 1 EL Worcestersauce und 1/2 kl. Dose Pizzatomaten vermischen. Mit Salz, Pfeffer, Cayennepfeffer und Paprikapulver gut abschmecken. Bei Bedarf noch etwas Pizzatomaten dazugeben.

Pro Stück:
4

Pro Portion:
Kcal: 159,5 | Fett: 5,7 g | Eiweiß: 5,6 g | KH: 21,7 g

Überbackene Schinkenröllchen

2 Portionen

Zutaten:

80 g	Gouda, in Stücken	8 Scheiben	Kochschinken
1	Zwiebel, geschält, halbiert	250 g	passierte Tomaten
1 ½	Möhren, in Stücken	60 g	Tomatenmark
1 TL	Olivenöl	80 g	Wasser
200 g	Tatar	60 g	Crème légère
1 TL	Salz		
1 TL	Pfeffer		
2 TL	Thymian		

Zubereitung:

1. Gouda in den Mixtopf geben und **12 Sek./Stufe 5** reiben. Umfüllen.
2. Zwiebel und Möhren im Mixtopf **6 Sek./Stufe 5** zerkleinern. Olivenöl, Tatar, ½ TL Salz, ½ TL Pfeffer und 1 TL Thymian zugeben und **2 Min./ /100°C/Stufe 1** dünsten.
3. Masse auf den Schinkenscheiben verteilen, aufrollen und in eine Auflaufform legen. Mixtopf grob säubern.
4. Tomaten, Tomatenmark, Wasser, Crème légère, ½ TL Salz, ½ TL Pfeffer und 1 TL Thymian im Mixtopf **15 Sek./Stufe 3** mischen.
5. Soße über die Schinkenröllchen gießen und mit Käse bestreuen. Für 25-30 Min. in den vorgeheizten Backofen bei 180°C geben. Ggf. mit Ciabatta servieren.

Tipp: Mit Ciabatta ist das ganze schon sehr sättigend, so dass auch ein Schinkenröllchen als Vorspeise ausreichen kann. Bitte vorsichtig mit Salz umgehen, da der Schinken bereits recht würzig ist.

Pro Portion:
6

Pro Portion:
Kcal: 697,5 | Fett: 27 g | Eiweiß: 65 g | KH: 45 g

Hinweis:
Ciabatta muß extra berechnet werden.

Bruschetta

4 Portionen

Zutaten:

½	Zwiebel, geschält	1 EL	Olivenöl
2	Knoblauchzehen, geschält	1 TL	Zucker
50 g	Rucola	½ TL	Salz
2	Tomaten, halbiert	½ TL	Pfeffer
1 EL	Balsamicoessig, hell	8	Baguettescheibe, je 20 Gramm

Zubereitung:

1. Zwiebel und Knoblauchzehen in den Mixtopf geben und **5 Sek./Stufe 6** hacken.
2. Restliche Zutaten (außer Baguette) zugeben und **3 Sek./Stufe 4** vermengen. Ca. 2 Std. ziehen lassen.
3. Baguettescheiben im Backofen leicht anrösten und mit der Tomaten-Rucola-Masse belegt servieren.

Tipp: Wenn die Tomaten recht wässrig sind, verwenden Sie am Besten 3 Stück und nehmen die Kerne vorher heraus.

Pro Portion:
4

Pro Portion:
Kcal: 138,3 | Fett: 3 g | Eiweiß: 3,9 g | KH: 23,6 g

je 4 Portionen

Weisskrautsalat

Zutaten:

300 g	Weisskohl
½	Zwiebel, geschält
80 g	Kräuteressig
10 g	Rapsöl
20 g	Zucker
100 g	Mineralwasser
1 TL	Salz
½ TL	Pfeffer

Zubereitung:

1. Zwiebel **5 Sek./Stufe 5** zerkleinern. In eine größere Schüssel umfüllen.
2. Den Weisskohl in ca. 5x5 cm große Stücke schneiden. **4 Sek./Stufe 5** häkseln und zu den Zwiebeln geben.
3. Für das Dressing, restlichen Zutaten **1 Min./Stufe 3** vermischen. Anschließend über den Weisskohl geben, gut vermengen und mind. 2 Std. ziehen lassen.

Zaziki

Zutaten:

1	Knoblauchzehe, geschält
½	Salatgurke
250 g	Joghurt 1,5 %
1 TL	Zitronensaft
	Salz & Pfeffer

Zubereitung:

1. Knoblauchzehe **5 Sek./Stufe 5** zerkleinern.
2. Salatgurke halbieren, entkernen und in grobe Stücke schneiden. **4 Sek./Stufe 4** zerkleinern.
3. Restliche Zutaten hinzufügen und **15 Sek./ /Stufe 4** vermischen.

Snacks

Weisskrautsalat
Pro Portion:
Kcal: 132,5
Fett: 7,6 g
Eiweiß: 2,4 g
KH: 15,6 g

Pro Portion:
1

Zaziki
Pro Portion:
Kcal: 73,5
Fett: 1,58 g
Eiweiß: 5,91 g
KH: 8,26 g

Pro Portion:
1

Fischfilet mit Reis und Brokkoli

4 Portionen

Zutaten:

2	Zwiebeln, geschält, halbiert	400 g	Fischfilet (z.B. Kabeljau)
160 g	Reis (z.B. Basmati)	250 g	Cocktailtomaten
400 g	Brokkoliröschen	2 EL	gehackte Kräuter (8-Kräuter)
1.000 g	Wasser		Salz, Pfeffer
2 TL	Gemüsebrühpulver		

Zubereitung:

1. Zwiebel im Mixtopf **5 Sek./Stufe 6** zerkleinern.
2. Garsieb einsetzen und Reis einwiegen. Wasser und Brühpulver dazugeben und Mixtopf verschließen.
3. Brokkoliröschen in den Varoma geben, in Stücke geschnittenes Fischfilet auf den Varomaeinlegeboden geben und mit Salz und Pfeffer würzen. An den Seiten die halbierten Cocktailtomaten verteilen.
4. Varoma aufsetzen und alles zusammen **20 Min./Varoma/Stufe 1** garen.
5. Reis mit gehackten Kräutern, Salz und Pfeffer abschmecken. Zusammen mit dem Fischfilet und dem Gemüse servieren.

Tipp: Wer noch eine Soße dazu möchte, wiegt 500 g der Garflüssigkeit ein, fügt noch 100 g Crème légère, 50 g Mehl und 1 EL gehackte Kräuter (8-Kräuter) hinzu und kocht diese **3 Min./90°C/Stufe 4** auf. Anschließend **15 Sek./Stufe 6** pürieren. Nach Bedarf salzen und pfeffern.
Bitte beachten: Soße gesamt = 2

Pro Portion:
5

Pro Portion:
Kcal: 245 | Fett: 1,25 g | Eiweiß: 21,6 g | KH: 35,5 g

4 Portionen

Fischfilet mit Parmesanhaube

Zutaten:

4 Stücke	Kabeljaufilet (pro Stk. 125 g)	3 kl. Scheiben	Toast, in Stücken
etwas	Zitronensaft	1	Ei
	Salz und Pfeffer	250 g	Cocktailtomaten
50 g	Parmesan	2 EL	gehackte Kräuter, (8-Kräuter)
4 eingelegte	getr. Tomaten	etwas	Salz, Pfeffer
4-5 Blätter	Basilikum		Worcestersauce

Zubereitung:

1. Die Fischfilets abbrausen, trocken tupfen und mit Zitronensaft beträufeln. Mit Salz und Pfeffer würzen.

2. Parmesan, eingelegte Tomaten und Basilikum im Mixtopf **12 Sek./Stufe 6** zerkleinern. Toastbrot, Ei, Cocktailtomaten und Kräuter zugeben. Mit Salz, Pfeffer und Worcestersauce würzen. **10 Sek./Stufe 4** vermengen.

3. Die Kräutermasse gleichmäßig auf den Fischfilets verteilen, auf ein mit Backpapier ausgelegtes Backblech setzen. Im vorgeheizten Backofen bei 200°C ca. 20 Min. garen.

Dazu passt Reis oder Ciabatta und Gurkensalat.

Tipp: Alternative Gemüsekruste1 Möhre, in Stücken und 40 g Käse **6 Sek./Stufe 5** zerkleinern.
1 Ei und 3 Scheiben Vollkorntoast in Stücken zugeben. Salzen und pfeffern und **10 Sek./Stufe 4** vermengen.

Alternative Gemüsekruste:

1 Möhre, in Stücken und 40 g Käse **6 Sek./Stufe 5** zerkleinern.
1 Ei und 3 Scheiben Vollkorntoast in Stücken zugeben. Mit Salz und Pfeffer abschmecken und **10 Sek./Stufe 4** vermengen.

Pro Portion:
6

Pro Portion:
Kcal: 247,3 | Fett: 7,9 g | Eiweiß: 30,6 g | KH: 13,2 g

Thunfischlasagne

1 Portion

Zutaten:

1 kl.	Zwiebel, geschält, halbiert	1 EL	saure Sahne
½	Knoblauchzehe, geschält		Basilikum, Pfeffer, Salz,
1 TL	Olivenöl	etwas	Brühpulver
1 EL	Tomatenmark	1/2 kl.	Dose Thunfisch im eigenen Saft
250 g	stückige Tomaten		(gut abgetropft)
50 g	Wasser	3	Lasagneblätter
1 Ecke	Schmelzkäse (leicht)	30 g	geriebener Käse (light)

Zubereitung:

1. Zwiebel und Knoblauch **6 Sek./Stufe 5** zerkleinern. Olivenöl hinzugeben und **4 Min./100°C/Stufe 1** dünsten.

2. Tomatenmark, stückige Tomaten, Wasser und Schmelzkäse zugeben. **7 Min./100°C/Stufe 2** einköcheln lassen.

3. Saure Sahne zu der Soße geben und mit den Gewürzen gut abschmecken. Nochmals **10 Sek./Stufe 4** verrühren.
Thunfisch **3 Sek./ ↺/Stufe 4** unterheben.

4. Etwas Soße auf den Boden einer Auflaufform verteilen. Abwechselnd Lasagneblätter mit der Sauce hineinschichten. Mit dem geriebenen Käse bestreuen und im vorgeheizten Backofen bei 200°C ca. 20 Min. backen.

Pro Portion:
13

Pro Portion:
Kcal: 585,4 | Fett: 17,3 g | Eiweiß: 50,3 g | KH: 54,6 g

2 Portionen

Bandnudeln in leichter Lachs-Frischkäse-Soße

Zutaten:

240 g	gegarte Bandnudeln	2 EL	Dill
60 g	saure Sahne	¼ TL	Salz
60 g	Frischkäse bis 15 % Fett	1 Prise	Pfeffer
120 g	Lachs, geräuchert, in feine Streifen geschnitten		

Zubereitung:

1. Saure Sahne, Frischkäse und 100 g Lachs im Mixtopf **5 Sek./Stufe 6** zerkleinern.
2. Die Masse mit Hilfe des Spatels Richtung Mixtopfboden schieben und erneut **3 Sek./Stufe 6** zerkleinern.
3. Dill, Salz und Pfeffer dazugeben und kurz verrühren.
4. Nun die Soße zu den heißen Bandnudeln geben und gut vermengen. Mit dem restlichen Lachs servieren.

Pro Portion:
10

Pro Portion:
Kcal: 330,6 | Fett: 10,8 g | Eiweiß: 24,2 g | KH: 34,9 g

4 Portionen

Gulaschsuppe mit Miniklößchen

Zutaten:

1	Paprika-Mix (rot, gelb, grün)	170 g	passierte Tomaten
120 g	Champignons	200 g	Geflügelfond
200 g	Mais	350 g	Wasser
200 g	Kartoffelkloßteig	40 g	Tomatenmark
250 g	Putenschnitzel, in Streifen geschnitten	2 TL	Brühpulver
		2 TL	Paprikapulver
1 gr.	Zwiebel, geschält, halbiert	½ TL	Koriander, gemahlen
1 EL	Olivenöl	½ TL	Pfeffer
½	Chilischote, in feine Ringe geschnitten	½ TL	Salz
		1 ½ TL	Thymian

Zubereitung:

1. Paprika in Streifen und Champignons in Scheiben schneiden. Zusammen mit dem Mais in den Varoma geben.

2. Den Varoma Einlegeboden mit etwas Öl bestreichen. Aus dem Kartoffelkloßteig ca. 16 kleine Klößchen formen und mit etwas Abstand auf dem Einlegeboden verteilen.

3. Zwiebel in den Mixtopf geben und **3 Sek./Stufe 5** zerkleinern. Olivenöl und Chilischote zugeben und **3 Min./Varoma/Stufe 2** dünsten.

4. Putenfleisch dazugeben und **5 Min./Varoma/⟲/Sanftrühstufe** garen.

5. Passierte Tomaten, Geflügelfond, Wasser, Tomatenmark, Brühpulver und die restlichen Gewürze zum Fleisch geben.

6. Varoma mit Gemüse und den Kartoffelklößchen aufsetzen und **25 Min./Varoma/⟲/Sanftrühstufe** garen.
   Nach Ende der Garzeit in einer Servierschüssel mischen und genießen.

Pro Portion:
5

Pro Portion:
Kcal: 256,8 | Fett: 5,9 g | Eiweiß: 21,5 g | KH: 32,8 g

2 Portionen

Gefüllte Miniröllchen mit buntem Gemüse und Reis

Zutaten:

3	Champignons, in Scheiben	700 g	Wasser
1/3	Zucchini, in Scheiben	100 g	Reis (z.B. Basmati)
1 kl.	Möhre, in Scheiben	1 EL	Tomatenmark
½	rote Paprika, in Stücken	1 EL	Kräuter der Provence
½	gelbe Paprika, in Stücken	1 EL	Speisestärke
1 handvoll	Zuckererbsenschoten (TK)	2 TL	Crème légère
4	dünn geschnittene magere Schweinesteaks (je 100 g)		Salz, Pfeffer
4 TL	fettarmer Frischkäse		
2 Scheiben	Parmaschinken		
4 Blätter	Salbei		
8	Cocktailtomaten		

Zubereitung:

1. Champignons, Zucchini, Möhre und Paprika zusammen mit den Erbsenschoten in den Varoma geben.

2. Die Schweinesteaks mit Frischkäse bestreichen, je eine halbe Scheibe Parmaschinken und ein Salbeiblatt daraufgeben, pfeffern und einrollen. Zusammen mit den Cocktailtomaten auf dem Varomaeinlegeboden platzieren.

3. Wasser und 1 TL Salz in den Mixtopf geben. Reis in das Gärkörbchen einwiegen. Deckel auf den Mixtopf geben, Varoma aufsetzen und alles **30 Min./Varoma/Stufe 1** garen.

4. Nach der Garzeit Varoma zur Seite stellen und 200 g Garsud in den Mixtopf einwiegen. Tomatenmark, Kräuter der Provence, Speisestärke, ½ TL Salz und Crème légère dazugeben. **4 Min./100°C/Stufe 4** aufkochen.

5. Die Miniröllchen zusammen mit Reis und Gemüse auf 2 Tellern anrichten und mit Soße servieren.

Pro Portion:
12

Pro Portion:
Kcal: 718,4 | Fett: 1,4 g | Eiweiß: 3,5 g | KH: 1,5 g

2 Portionen

Schmorkohl mit Hackbällchen

Zutaten:

2	Zwiebeln, geviertelt	2 TL	Brühpulver
200 g	Tatar		Salz & Pfeffer
3 gr.	Kartoffeln (a 100 g)		Muskat (gerieben)
1 EL	Rapsöl		Kümmel (gemahlen)
700 g	Weisskohl, in Stücken (ca. 4x4 cm)	900 g	Wasser

Zubereitung:

1. Zwiebeln **6 Sek./Stufe 5** zerkleinern. Die Hälfte aus den Mixtopf nehmen und bei Seite stellen.

2. Tatar mit ½ TL Salz, ½ TL Pfeffer und 1/3 TL Muskat zu den Zwiebeln geben und **20 Sek./ ↺/Stufe 2** vermengen.

3. Daraus nun 10 Hackbällchen formen und in den Varomaeinlegeboden geben. Kartoffeln schälen, in 1 cm dicke Scheiben schneiden, waschen und nebeneinander in den Varoma legen.

4. Beiseite gestellte Zwiebeln mit 1 EL Rapsöl in den Mixtopf geben und **3 Min./100°C/Stufe 1** anschwitzen.

5. Weisskohl, 1 ½ Salz, 1 TL Pfeffer, 2 TL Brühpulver, 1 TL Muskat und 1 TL Kümmel zu den Zwiebeln geben. Mit Wasser auffüllen und den Schmorkohl nun **35 Min./Varoma/ ↺/Sanftrührstufe** garen lassen.

Pro Portion:
7

Pro Portion:
Kcal: 356,5 | Fett: 5,2 g | Eiweiß: 30 g | KH: 39,1 g

2 Portionen

Gefüllte Paprikaschote mit Reis

Zutaten:

1	Zwiebel, geschält, halbiert	1.000 g	Wasser
1	Knoblauchzehe, geschält	1 TL	Salz
200 g	Tatar	100 g	Reis
1 TL	Paprikapulver	130 g	Tomatenmark
2 EL	Ayvar	50 g	Milch
2	rote Paprika		Salz, Pfeffer

Zubereitung:

1. Zwiebel und Knoblauch **6 Sek./Stufe 5** zerkleinern.

2. Tatar, Paprikapulver, Ayvar, etwas Salz und Pfeffer zugeben und **1 Min./ /Stufe 1** vermengen.

3. Den Deckel der Paprika abschneiden, Paprika aushöhlen und waschen. Anschließend mit der Tatarmasse füllen, Deckel wieder daraufsetzen.

4. Wasser in den Mixtopf einwiegen, 1 TL Salz dazugeben und Gareinsatz einsetzen.

5. Paprikaschoten in den Gareinsatz setzen und den Reis neben den Paprikaschoten einrieseln lassen. **25 Min./Varoma/Stufe 1** garen.

6. Gareinsatz herausnehmen, Tomatenmark und die Milch zur Garflüssigkeit geben. **20 Sek./100°C/Stufe 5** vermengen. Ggf. noch mit Salz und Pfeffer abschmecken.

Hinweis: Bitte achten Sie darauf, dass die Paprikaschoten nicht zu groß sind für das Garkörbchen! Es sollte noch etwas Luft sein. Alternativ können Sie die Paprikaschoten auch im Varoma garen. Die Garzeit verlängert sich dann um 5-10 Minuten.

Pro Portion:
8

Pro Portion:
Kcal: 457,5 | Fett: 7,3 g | Eiweiß: 32,5 g | KH: 61,9 g

Kunterbuntes Hähnchencurry

4 Portionen

Zutaten:

800 g   Wasser
200 g   Reis
1 rote Paprika
1 gelbe Paprika
3   Frühlingszwiebeln
1 kl.   Zucchini
300 g   Hähnchenbrustfilet,
        in Streifen geschnitten

Zutaten für die Soße:

150 g   Kokosmilch (zum Kochen)
1 TL   rote Currypaste
1/2 TL Paprikapulver
1/4 TL Koriander
2 TL   Salz
1 TL   Currypulver
1 Glas Mungobohnenkeimlinge
1 Glas Bambussprossen

Zubereitung:

1. Wasser mit 1 TL Salz in den Mixtopf geben. Reis in den Gareinsatz einwiegen.

2. Paprika in Streifen und Frühlingszwiebel in Ringe schneiden. Zucchini längs halbieren und in Scheiben schneiden. Alles in den Varoma geben.

3. Hähnchenbruststreifen in den Varoma Einlegeboden geben. Alles zusammen **25 Min./Varoma/Stufe 1** garen.

4. Gemüse und Fleisch in eine Schüssel geben.

   Für die Soße:
   200 g Garflüssigkeit, Kokosmilch, die restlichen Gewürze, die abgetropften Mungobohnenkeimlinge und Bambussprossen in den Mixtopf geben und **4 Min./Varoma/ ↺/Stufe 1** erhitzen. Über das Gemüse und das Fleisch geben und gut verrühren. Zusammen mit dem Reis servieren.

Pro Portion:
8

Pro Portion:
Kcal: 362,1 | Fett: 8,7 g | Eiweiß: 24,1 g | KH: 45,9 g

Schnelles Hühnerfrikassee

4 Portionen

Zutaten:

600 g	Wasser	170 g	Spargel, geschält, in Stücken
200 g	Reis	350 g	fettarme Milch
2	Möhren,	150 g	Garflüssigkeit
200 g	Champignons	4 TL	Speisestärke
150 g	Erbsen (TK)	2 TL	Salz
300 g	Hühnerbrustfilet, in Stücke geschnitten	½ TL	Pfeffer

Zubereitung:

1. Wasser mit 1 TL Salz in den Mixtopf geben. Gareinsatz einsetzen und Reis einwiegen.
2. Möhren und Champignons in Scheiben geschnitten zusammen mit den Erbsen in den Varoma geben.
3. Hühnerbrustfiletstücke mit den Spargelstücken in den Varomaeinlegeboden legen. Nun alles **25 Min./Varoma/Stufe 1** garen.
4. Fleisch und Gemüse in eine separate Schüssel füllen.
5. Milch, Garflüssigkeit, Speisestärke, 1 TL Salz und Pfeffer in den Mixtopf geben und **4 Min./Varoma/Stufe 3** köcheln lassen. Ggf. nochmals nachwürzen und zu dem Fleisch und dem Gemüse geben.
6. Gut unterrühren und zusammen mit dem Reis servieren.

Tipp: Wenn Sie keinen frischen Spargel zur Hand haben, verwenden Sie einfach ein kleines Glas Spargelabschnitte.

Pro Portion:
9

Pro Portion:
Kcal: 350,8 | Fett: 2,4 g | Eiweiß: 34,2 g | KH: 52,7 g

4 Portionen

Mediterraner Filettopf

Zutaten:

2	Möhren	2 kl.	Dosen stückige Tomaten
1	Zucchini	40 g	Tomatenmark
1	rote Paprika	1 TL	Paprika
1	gelbe Paprika	1 TL	Oregano
2	Zwiebeln, geschält	1 TL	Thymian
500 g	Gnocchi	1 TL	Salz
1	Knoblauchzehe, geschält	1 TL	Gemüsebrühpulver
1 EL	Olivenöl	1/2 TL	Pfeffer
400 g	Schweinefilet, in Streifen geschnitten	300 g	Wasser
		100 g	Crème légère

Zubereitung:

1. Möhren und Zucchini in Scheiben, Paprika in Stücken schneiden und in den Varoma geben. 1 Zwiebel vierteln und die Scheiben davon über dem Gemüse verteilen.

2. Varomaeinlegeboden mit etwas Öl bestreichen und die Gnocchi darauf geben.

3. Die andere Zwiebel halbieren und mit der Knoblauchzehe **5 Sek./Stufe 5** zerkleinern. Olivenöl dazugeben und **3 Min./Varoma/Stufe 1** dünsten.

4. Fleisch hinzufügen und **5 Min./Varoma/ /Sanftrührstufe** garen.

5. Stückige Tomaten, Tomatenmark, Gewürze und Wasser zugeben, Varoma aufsetzen und **20 Min./Varoma/ /Sanftrührstufe** köcheln lassen.

6. Danach Varoma herunternehmen, Crème légère in den Mixtopf geben und **5 Sek./Stufe 3** unterrühren. Gemüse **2 Sek./Stufe 3** unterheben. Zusammen mit den Gnocchi servieren.

Pro Portion:
10

Pro Portion:
Kcal: 322 | Fett: 8,85 g | Eiweiß: 7 g | KH: 44,4 g

Putengeschnetzeltes mit fruchtiger Sauce

4 Portionen

Zutaten:

600 g	Wasser	1	Knoblauchzehe
200 g	Reis	½	Chilischote
2	Möhren	1 TL	Öl
2	Frühlingszwiebel	40 g	Weißwein
400 g	Putenschnitzel, in Streifen geschnitten	100 g	Cremefine zum Kochen 7 % (z.B. von Rama)
3	Orangen	100 g	Crème légère
		½ TL	Gemüsebrühpulver
			Salz, Pfeffer

Zubereitung:

1. Wasser mit 1 TL Salz in den Mixtopf geben. Gareinsatz einsetzen, Reis einwiegen.

2. Möhren in feine Stifte, Frühlingszwiebeln in Ringe schneiden und in den Varoma geben. Putengeschnetzeltes in den Varomaeinlegeboden geben. Nun alles **25 Min./Varoma/Stufe 1** garen.

3. In der Zwischenzeit 1 Orange auspressen und 2 Orangen filetieren.

4. Nach der Garzeit Fleisch und Gemüse in eine separate Schüssel füllen. **Achtung: Garflüssigkeit auffangen !**

5. Knoblauchzehe grob hacken, Chilischote in feine Ringe schneiden und beides zusammen mit Öl **1 Min./Varoma/Stufe 1** anschwitzen. Wein zugeben und **2 Min./Varoma/Stufe 1** einkochen.

6. 200 g Garflüssigkeit, Saft einer Orange, Cremefine, Crème légère und Gemüsebrühpulver zugeben und **3 Min./Varoma/Stufe 1** aufkochen lassen.

7. Soße mit Salz und Pfeffer abschmecken, zum Gemüse geben und unterrühren. Orangenfilets hinzufügen und zusammen mit dem Reis servieren.

Tipp: Wer es sämiger mag, kann die Sauce vor dem Vermengen noch mit etwas Speisestärke andicken.

Pro Portion:
9

Pro Portion:
Kcal: 317,3 | Fett: 11,34 g | Eiweiß: 30,2 g | KH: 57,9 g

Geflügel-Bolognese

4 Portionen

Zutaten:

250 g	Möhren, geschält, in Stücken	500 g	passierte Tomaten
200 g	Knollensellerie, geschält, in Stücken	200 g	Wasser
		2 TL	Brühpulver
		3 Zweige Rosmarin	
2	Zwiebeln, geschält, halbiert	400 g	Makkaroni, gekocht
20 g	Olivenöl		Salz, Pfeffer
300 g	Geflügelhackfleisch (Rezept s. Seite 7)		

Zubereitung:

1. Möhren und Sellerie in den Mixtopf geben und **4 Sek./Stufe 6** zerkleinern. Umfüllen.

2. Zwiebeln **6 Sek./Stufe 5** klein hacken. Olivenöl zugeben und **3 Min./100°C/Stufe 1** dünsten.

3. Hackfleisch hinzufügen und **4 Min./ /100°C/Sanftrührstufe** garen.

4. Möhren und Sellerie hinzufügen und **4 Min./ /100°C/Stufe 2** dünsten.

5. Passierte Tomaten, Wasser, Brühpulver und Rosmarin zugeben und **15 Min./ /100°C/Sanftrührstufe** fertig garen. Ggf. nochmals mit Salz und Pfeffer abschmecken. Zusammen mit den gekochten Makkaroni servieren.

Tipp: Verfeinern Sie dieses Gericht mit Parmesan.

Für die Berechnung: 1 EL = **1**

Pro Portion:
3

Pro Portion:
Kcal: 258,5 | Fett: 13,9 g | Eiweiß: 20,7 g | KH: 36,5 g

Hinweis:
Nudeln müssen extra berechnet werden.

Überbackene Tortellini

4 Portionen

Zutaten:

100 g	Gouda, in Stücken	1 EL	Tomatenmark
1	Zwiebel, geschält, geviertelt	350 g	stückige Tomaten
1	Knoblauchzehe, geschält	1 TL	Basilikum
1	rote Paprika, in Stücken	1 ½ TL	Salz
1	Aubergine, in Stücken	½ TL	Pfeffer
1	Zucchini, in Stücken	1 TL	Paprikapulver Cayennepfeffer
1 TL	Olivenöl	400 g	Tortellini mit Fleischfüllung
100 g	Tatar		(Kühltheke)

Zubereitung:

1. Gouda in den Mixtopf geben und **15 Sek./Stufe 5** reiben. Umfüllen
2. Zwiebel und Knoblauchzehe **2 Sek./Stufe 5** klein hacken. Paprika, Aubergine und Zucchini dazugeben und nochmals **5 Sek./Stufe 7** zerkleinern. Gemüsemasse umfüllen.
3. Olivenöl in den Mixtopf geben und **30 Sek./100°C/Stufe 1** erhitzen. Tatar hinzufügen und **4 Min./100°C/ /Stufe 1** anbraten.
4. Gemüsemasse wieder in den Mixtopf geben und **8 Min./100°C/ /Stufe 1** garen.
5. Nun das Tomatenmark, Tomaten und Gewürze dazugeben. **5 Min./100°C/ /Stufe 1** kochen.
6. Tortellini in einer Auflaufform verteilen, Gemüse-Tatar-Masse zugeben und mit Käse bestreuen. Im vorgeheizten Backofen bei 200°C ca. 25 Min. überbacken.

Pro Portion:
9

Pro Portion:
Kcal: 463,8 | Fett: 14,8 g | Eiweiß: 26,1 g | KH: 55,1 g

4 Portionen

Rahmchampignons mit Schweinefiletstreifen

Zutaten:

1	Zwiebel, geschält, halbiert	10 g	Kartoffelmehl / Speisestärke
1 TL	Olivenöl	½ TL	Paprikapulver
400 g	Schweinefilet, in Streifen geschnitten	2 TL	Petersilie gehackt
		150 g	Crème légère
400 g	Wasser		
1 ½ TL	Gemüsebrühpulver		
2 kl.	Gläser Champignons		

Zubereitung:

1. Zwiebel **5 Sek./Stufe 6** zerkleinern. Olivenöl zugeben und **2 Min./100°C/Stufe 1** dünsten.

2. Schweinefilet dazugeben und **5 Min./Varoma/ /Sanftrührstufe** garen. Wasser, Gemüsebrühpulver und Champignons dazugeben und 1**5 Min./Varoma/ /Sanftrührstufe** köcheln lassen.

3. Nun das Kartoffelmehl bzw. die Speisestärke mit etwas kaltem Wasser (1-2 EL) verrühren und in den Mixtopf geben. **5 Min./Varoma/ /Stufe 2** erhitzen.

4. Zum Schluss das Paprikapulver, die gehackte Petersilie und Crème légère dazugeben und **1 Min./Varoma/ /Stufe 3** vermengen.

Achtung: Bitte darauf achten, dass das Schweinefilet immer gegen die Faser geschnitten wird.
Dazu passen Bandnudeln, Reis oder Kartoffeln.
Nach Belieben mit einem gemischten Salat genießen.

Pro Portion:
5

Pro Portion:
Kcal: 203,5 | Fett: 8,1 g | Eiweiß: 28,6 g | KH: 5,5 g

Hinweis:
Beilage muss extra berechnet werden.

Hackbällchen mit Tomatensoße

4 Portionen

Zutaten Hackbällchen:

1	altbackenes Brötchen
½	Zwiebel, geschält
1	Knoblauchzehe, geschält
500 g	Tatar
1	Ei
2 TL	Basilikum
1 TL	Paprikapulver
1 TL	Salz
½ TL	Pfeffer

Zutaten Soße:

½	Zwiebel, geschält
1	Knoblauchzehe, geschält
1 TL	Olivenöl
120 g	Apfelsaft
2 kl.	Dosen stückige Tomaten (á 400 g)
Je 1 TL	Kräuter der Provence, Paprikapulver, Zucker
2 TL	Salz
½ TL	Pfeffer
200 g	körniger Frischkäse

Zubereitung Hackbällchen:

1. Brötchen in etwas Wasser einweichen und ausdrücken.
2. Zwiebel und Knoblauchzehe **5 Sek./Stufe 6** im Mixtopf zerkleinern. Restliche Zutaten für die Hackbällchen zugeben und mit Hilfe des Spatels **1 Min./Teigstufe** vermengen.
3. Aus der Masse 12 Hackbällchen formen und in eine Auflaufform geben.

Zubereitung Soße:

1. Zwiebel und Knoblauchzehe **5 Sek./Stufe 6** zerkleinern. Olivenöl zugeben und **2 Min./100°C/Stufe 1** dünsten. Apfelsaft hinzufügen und **3 Min./100°C/Stufe 1** köcheln lassen.
2. Restliche Zutaten (außer Frischkäse) zugeben und **5 Min./100°C/Stufe 1** erhitzen.
3. Zum Schluß den körnigen Frischkäse **1 Min./Stufe 1** unterrühren oder nach Belieben pürieren. Soße über die Hackbällchen geben und im vorgeheizten Backofen bei 200°C ca. 30 Min. garen.

Tipp: Sie können auch etwas klein geschnittenes Gemüse zu den Hackbällchen in die Auflaufform geben.

Servieren Sie dazu Nudeln,
Kartoffeln oder Reis...

Pro Portion:
7

Pro Portion:
Kcal: 346,8 | Fett: 10,5 g | Eiweiß: 32,5 g | KH: 21,1 g

Hinweis:
Beilage muss extra berechnet werden.

Türkische Pizza mit Salat

4 Portionen

Zutaten Teig:

250 g	Mehl
¼	Würfel Hefe
150 g	Wasser, lauwarm
1 Prise	Salz

außerdem:

12 Cocktailtomaten
½ Salatgurke
1/3 Kopf Eisbergsalat

Zutaten:

1	Zwiebel, geschält, halbiert
2	Knoblauchzehen, geschält
	Chilischote nach Belieben
1 P.	8-Kräuter TK Mischung
1 kl.	Dose Pizzatomaten
120 g	Tatar
2 EL	Tomatenmark
½ TL	Pfeffer
1 TL	Paprikapulver
1/3 TL	Kreuzkümmel, gemahlen

Zubereitung:

1. Alle Teigzutaten im Mixtopf **2 Min./Teigstufe** zu einem Teig verkneten. In eine Schüssel umfüllen und abgedeckt ca. 30 Min. gehen lassen.
2. Zwiebel, Knoblauchzehen und Chilischote **5 Sek./Stufe 6** zerkleinern. Restliche Belagzutaten zugeben und **1 Min./Linkslauf/Stufe 2** rühren. Umfüllen, Mixtopf spülen.
3. Weisskrautsalat und Zaziki (s.S. 30) zubereiten.
4. Teig nach der Gehzeit in vier gleich große Teile teilen und je zwei auf einem mit Backpapier ausgelegten Backblech dünn ausrollen. Belag darauf verteilen und die kleinen türkischen Pizzen bei 220 Grad für ca. 15-20 Min. im vorgeheizten Backofen backen.
5. Tomaten waschen und halbieren, ½ Salatgurke schälen und in Scheiben schneiden. Den Eisbergsalat waschen und in feine Streifen schneiden.
6. Die Pizzen werden nach dem Backen zusammen mit dem Kraut- und Eisbergsalat, Tomaten, Gurken und Zaziki serviert.

Machen Sie dazu: Weisskrautsalat und Zaziki (S. 30)

Pro Portion: 1

Pro Portion: 1

Pro Portion: 6

Pro Portion:
Kcal: 618,1
Fett: 5,3 g
Eiweiß: 37,2 g
KH: 143,4 g

Mit Weisskraut-
salat und Zaziki
Pro Portion: 8

Brownies

60 Stück

Zutaten:

70 g	Haselnüsse	400 g	Mehl
8	Eier	40 g	Kakao
200 g	Zucker	1 P.	Backpulver
200 g	Zartbitter Kuvertüre, in groben Stücken	einige Tropfen Rum-Aroma	
220 g	Halbfettmargarine		

Zubereitung:

1. Haselnüsse in den Mixtopf geben und **15 Sek./Stufe 7** fein mahlen. Umfüllen.
2. Eier und Zucker im Mixtopf **1 Min./Stufe 5** cremig schlagen. Umfüllen. Mixtopf spülen.
3. Kuvertüre im Mixtopf **8 Sek./Stufe 6** zerkleinern. Die Hälfte davon in eine Schale umfüllen und zur Seite stellen. Halbfettmargarine zu der Kuvertüre in den Mixtopf geben und **4 Min./50°C/Stufe 2** schmelzen.
4. Eier-Zucker-Masse zur geschmolzenen Kuvertüre geben und **20 Sek./Stufe 4** verrühren.
5. Mehl, Backpulver, Kakao und Nüsse nochmals **20 Sek./Stufe 4** untermischen.
6. Abschließend die restlichen Kuvertürestücke und einige Tropfen Rum-Aroma **10 Sek./Stufe 4** unterheben.
7. Den Teig auf einem mit Backpapier ausgelegten Backblech verteilen und 25 bis 30 Min. auf mittlerer Schiene bei 180°C im vorgeheizten Backofen backen.

Tipp: Luftdicht verschlossen können Sie diese Brownies mehrere Tage aufbewahren.

Pro Stück:
2

Pro Stück:
Kcal: 88,8 | Fett: 4,3 g | Eiweiß: 2,4 g | KH: 10,2 g

Erdbeerbiskuitrolle

16 Stück

Zutaten für den Teig:

150 g	Zucker
5	Eier
1 EL	Vanillezucker
4 EL	lauwarmes Wasser
150 g	Mehl
40 g	Speisestärke
1 TL	Backpulver

Zutaten für die Füllung:

500 g	Erdbeeren
150 g	Cremefine zum Schlagen (z.B. von Rama)
200 g	Magerquark
	einige Tr. Butter-Vanillearoma
1 EL	Vanillezucker
1 TL	Puderzucker

Zubereitung:

1. Rühraufsatz einsetzen. Eier, Zucker, Vanillezucker und Wasser in den Mixtopf geben und **7 Min./37°C/Stufe 3** aufschlagen. Mehl, Speisestärke und Backpulver vermischen und zu der Eier-Zuckermasse geben **20 Sek./Stufe 2** unterheben.

2. Teigmasse auf ein mit Backpapier ausgelegtes Backblech streichen und ca. 10-12 Min. bei 200°C in den vorgeheizten Backofen backen.

3. Ein Küchentuch leicht anfeuchten und mit etwas Zucker bestreuen. Den fertigen Biskuit darauf stürzen und das Backpapier vorsichtig abziehen. Sofort längs aufrollen und abkühlen lassen. Mixtopf spülen.

4. Für die Füllung:
Erdbeeren waschen und in kleine Würfel schneiden. Cremefine zum Schlagen mit Hilfe des Rühraufsatzes **1 Min./Stufe 4** im kalten Mixtopf schlagen. Masse mit dem Spatel Richtung Mixtopfmesser schieben und nochmals **1 Min./Stufe 4** fertig schlagen. Magerquark, Vanillezucker und einige Tropfen Butter-Vanillearoma zugeben und **20 Sek./Stufe 4** unterrühren.

5. Erdbeerstücke unterheben und auf dem Biskuitteig verteilen. Anschließend wieder zusammen rollen. Mit dem Puderzucker bestreuen.

Zitronenbiskuitrolle (Füllung):

150 g Cremefine zum Schlagen (z.B. von Rama) mit Hilfe des Rühraufsatzes auf **Stufe 3** steif schlagen. 150 g Magerquark, Saft sowie abgeriebene Schale einer unbeh. Zitrone hinzu und **20 Sek./Stufe 4** verrühren.

Pro Stück:
4

Pro Stück:
Kcal: 151,4 | Fett: 4,2 g | Eiweiß: 27,6 g | KH: 22,5 g

Schokoladen-Kirsch-Biskuit

16 Stück

Zutaten:

4	Eier	2 TL	Backpulver
4 EL	kaltes Wasser	70 g	Schokoladenraspel
150 g	Puderzucker	160 g	Sauerkirschen (aus dem Glas)
100 g	Mehl		gut abgetropft
100 g	gemahlene Mandeln		

Zubereitung:

1. Eier trennen. Eiweiß mit Hilfe des Rühaufsatzes **3-4 Min./Stufe 4** steif schlagen. Umfüllen. Rühraufsatz im Mixtopf lassen.

2. Eigelb mit Wasser und Puderzucker **2 Min./Stufe 4** cremig aufschlagen.

3. Mandeln, Mehl und Backpulver zugeben und **10 Sek./Stufe 2** unterrühren.

4. Das geschlagene Eiweiß und die Schokoladenraspel zugeben und **5-7 Sek./Stufe 2** unterheben.

5. Den Teig in eine mit Backpapier ausgelegte Kuchenform geben, Kirschen darauf verteilen und im vorgeheizten Backofen bei 180°C ca. 40 Min. backen.

6. Kuchen aus der Form stürzen und abkühlen lassen. Mit Puderzucker bestreut genießen.

Pro Stück:
4

Pro Stück:
Kcal: 151,8 | Fett: 6,6 g | Eiweiß: 4,2 g | KH: 18,2 g

Schokocookies

30 Stück

Zutaten:

70 g	Zartbitter Kuvertüre, in Stücken
120 g	Halbfettmargarine
180 g	brauner Zucker
1 EL	Vanillezucker
1	Ei
250 g	Mehl
1 TL	Backpulver
1 Prise	Salz

Zubereitung:

1. Kuvertüre im Mixtopf **6 Sek./Stufe 7** zerkleinern. Umfüllen.
2. Margarine, Zucker, Vanillezucker zusammen mit dem Ei **30 Sek./Stufe 2** verrühren.
3. Mehl, Backpulver und Salz dazu geben **1 Min./Stufe 4** untermischen.
4. Zerkleinerte Kuvertüre zugeben und **5 Sek./Stufe 4** unterheben.
5. Mit Hilfe von zwei Esslöffeln 30 Teigkleckse auf ein mit Backpapier ausgelegtes Backblech geben.
6. Im vorgeheizten Backofen bei 180°C ca. 15 Min. backen.

Pro Stück:
2

Pro Stück:
Kcal: 79,5 | Fett: 2,1 g | Eiweiß: 2 g | KH: 13,5 g

Blaubeertiramisu

3 Portionen

Zutaten:

100 g	Orangensaft	300 g	Magerquark
1 TL	Amaretto	1 EL	Vanillezucker o. etwas Süßstoff
1 Prise	Zimtpulver	18	Löffelbiskuits
etwas	Vanillearoma	250 g	Blaubeeren
130 g	fettarmer Joghurt	1 TL	Puderzucker

Zubereitung:

1. Orangensaft, Amaretto, Zimtpulver und Vanillearoma in einer Schüssel vermischen. Löffelbiskuits nacheinander kurz darin tränken und beiseite stellen.
2. Joghurt, Quark und Vanillezucker in den Mixtopf geben und **10 Sek./Stufe 4** cremig rühren.
3. Die getränkten Biskuitstangen zusammen mit der Quark-Creme und den Blaubeeren im Wechsel entweder in eine mittelgroße Auflaufform oder auf 3 Teller schichten.
   Ca. 1 Std. kühlen. Mit Puderzucker bestreut servieren.

Pro Portion:
6

Pro Stück:
Kcal: 326,2 | Fett: 3,3 g | Eiweiß: 17,9 g | KH: 57 g

4 Portionen

Beerentraum

Zutaten:

500 g	gemischte Beeren (z.B. TK)
40 g	Baiser
250 g	Cremefine zum Schlagen (z.B. von Rama)
500 g	Magerquark
1 TL	Vanillezucker

Zubereitung:

1. Die Beeren antauen lassen.
2. Baiser **25 Sek./Stufe 5** zerkleinern. Umfüllen. Rühraufsatz einsetzen.
3. Cremefine in den Mixtopf geben und **1 Min./Stufe 4** aufschlagen. Geschlagene Cremefine mit dem Spatel nach unten Richtung Mixtopfmesser schieben.
4. Magerquark und Vanillezucker zugeben und **10 Sek./Stufe 4** unterrühren.
5. Nun Beeren, Creme und Baiser abwechselnd in ein Glas schichten. Dabei mit den Beeren beginnen, dann die Creme und zum Schluss das Baiser.
   Mind. 2 Std. vor dem Verzehr kalt stellen.

Pro Portion:
7

Pro Stück:
Kcal: 166,6 | Fett: 6,7 g | Eiweiß: 22,2 g | KH: 30,7 g

Latte Macchiato Creme

4 Portionen

Zutaten:

200 g	Cremefine zum Schlagen (z.B. von Rama)	200 g	fettarme Milch
300 g	Magerquark	1 TL	Zimtpulver
1 EL	Mandelsirup	4	Amarettini oder anderes feines Gebäck
6 EL	fertiger Espresso	Etwas	Süßstoff

Zubereitung:

1. Cremefine mit Hilfe des Rühraufsatzes ca. **1 Min./Stufe 4** steif schlagen.

2. Anschließend den Magerquark in den Mixtopf geben und nach Geschmack mit Süßstoff süßen. **20 Sek./Stufe 3** vermengen. 2/3 der Masse zur Seite stellen.

3. Espresso zu dem restlichen Drittel in den Mixtopf geben und nochmals **10 Sek./Stufe 4** verrühren. Die helle Creme zuerst auf die Gläsern verteilen, anschließend die Espressocreme darauf geben.

4. Milch erhitzen und mit Hilfe eines Milchaufschäumers cremig aufschlagen.

5. Den Milchschaum nun auf die Espressocreme geben und mit Zimtpulver bestreuen. Mit Amarettini garnieren und sofort servieren.

Tipp: Wenn Sie dieses Dessert vorbereiten möchten, geben Sie den Milchschaum erst kurz vor dem Servieren auf die Creme.

Pro Portion:
5

Pro Stück:
Kcal: 228,8 | Fett: 12,1 g | Eiweiß: 11,8 g | KH: 16,9 g

6 Portionen

Leichte Erdbeercreme

Zutaten:

1 kg   Erdbeeren (TK)
80 g   Orangensaft
4 EL   Vanillezucker
150 g   Cremefine zum Schlagen
            (z.B. von Rama)

Zubereitung:

1. Cremefine mit Hilfe des Rühraufsatzes ca. **1 Min./Stufe 4** steif schlagen. Umfüllen und Mixtopf spülen.

2. Erdbeeren zusammen mit Orangensaft und Vanillezucker im Mixtopf **20 Sek./Stufe 7** zerkleinern. Erdbeeren vom Mixtopfrand nach unten schieben.

3. Die Erdbeermasse nun ca. **1-2 Min./60°C/Stufe 2** antauen lassen. Anschließend nochmals **20 Sek./Stufe 6** pürieren.

4. 6 EL des Erdbeerpürees zur Seite stellen. Nun das geschlagene Cremefine **15 Sek./Stufe 4** gut unterrühren.

5. In Gläser verteilen und mindestens 1 Std. kalt stellen.

6. Das zur Seite gestellte Erdbeerpüree auf der Creme verteilen und ggf. mit frischen Erdbeeren garniert servieren.

Pro Portion:
3

Pro Stück:
Kcal: 152,2 | Fett: 6,6 g | Eiweiß: 1,9 g | KH: 21,2 g

2 Portionen

Risotto-Dessert mit Erdbeeren

Zutaten:

250 g	fettarme Milch
2 TL	Vanillezucker
60 g	Risottoreis
50 g	Wasser
	einige Tropfen Süßstoff
100 g	Erdbeeren

Zubereitung:

1. 180 g Milch und Vanillezucker **4 Min./100°C/Stufe 1** erhitzen.
2. Risottoreis, Wasser und restliche Milch zugeben und **20 Min./100°C/ /Stufe 1** garen.
3. Nach Bedarf mit Süßstoff abschmecken.
4. Das Milchrisotto in zwei Gläser füllen und abkühlen lassen.
5. Erdbeeren mit etwas Süßstoff auf **Stufe 7** pürieren und auf das Milchrisotto geben.

Tipp: Das Risotto-Dessert sollte bald verzehrt werden, da der Reis durch langes Stehen zu trocken wird.

Pro Portion:
5

Pro Stück:
Kcal: 199 | Fett: 2,7 g | Eiweiß: 7 g | KH: 36,1 g

Orangencreme mit Schokoraspeln

4 Portionen

Zutaten:

250 g	Orangensaft
2 EL	Vanillepuddingpulver
150 g	Cremefine zum Schlagen (z.B. von Rama)
150 g	Magerquark
2 EL	Vanillezucker
1	Orange, filetiert
2 TL	Schokoladenraspeln

Zubereitung:

1. Orangensaft und Puddingpulver in den Mixtopf geben und mit Hilfe des Rühraufsatzes **7 Min./100°C/Stufe 3** aufkochen. Umfüllen und mind. 1 Std. abkühlen lassen. Mixtopf spülen.

2. Cremefine mit Hilfe des Rühraufsatzes **1 Min./Stufe 4** im kalten Mixtopf schlagen. Masse mit Hilfe des Spatels Richtung Mixtopfmesser schieben und nochmals **1 Min./Stufe 4** fertig schlagen.

3. Magerquark und Vanillezucker zugeben, **15 Sek./Stufe 3** unterrühren. Zum Schluss den Orangenpudding **10 Sek./Stufe 3** unterheben.

4. Die Creme in 4 kleine Gläschen füllen und ca. 1 Std. kühlen. Vor dem Servieren mit Orangenfilets belegen und mit Schokoladenraspel bestreuen.

Pro Portion:
5

Pro Stück:
Kcal: 206,2 | Fett: 10,2 g | Eiweiß: 7,4 g | KH: 21,7 g

Apfel-Nuss-Muffins

12 Stück

Zutaten:

50 g	Haselnüsse	1 P.	Vanillezucker
1	Apfel, entkernt, geviertelt	120 g	fettarme Milch
2	Eier	190 g	Mehl
110 g	Halbfettmargarine	1 EL	Backpulver
70 g	Zucker	einige	Tropfen Bittermandel-Aroma

Zubereitung:

1. Haselnüsse in den Mixtopf geben und **15 Sek./Stufe 7** mahlen. Umfüllen.

2. Apfel im Mixtopf **5 Sek./Stufe 6** zerkleinern und umfüllen. Rühraufsatz einsetzen.

3. Eier, Margarine, Zucker und Vanillezucker **1 Min./Stufe 4** cremig schlagen. Milch hinzugeben und nochmals **20 Sek./Stufe 4** unterrühren.

4. Mehl, gemahlene Haselnüsse und Backpulver mischen und mit dem Bittermandel-Aroma zusammen in den Mixtopf geben. **30 Sek./Stufe 3** unterrühren.

5. Zuletzt die Apfelstücke **10 Sek./Stufe 3** unterheben.

6. In 12 Muffinförmchen füllen und ca. 25-30 Min. bei 180°C im vorgeheizten Backofen backen.

Pro Stück:
4

Pro Stück:
Kcal: 163,8 | Fett: 7,9 g | Eiweiß: 3,8 g | KH: 19,9 g

Apple Crumble

4 Portionen

Zutaten:

110 g	Dinkelkörner
4	Äpfel, entkernt, geviertelt
$\frac{1}{4}$	Zitrone
65 g	Halbfettmargarine
3 EL	brauner Zucker
$\frac{1}{2}$ TL	Zimt

Zubereitung:

1. Dinkelkörner im Mixtopf **1 Min./Stufe 10** mahlen. Umfüllen.
2. Äpfel **3 Sek./Stufe 5** zerkleinern. Zimt und Zucker mischen.
3. In eine Auflaufform geben, mit dem Saft $\frac{1}{4}$ Zitrone beträufeln und mit der Hälfte des Zimt-Zucker-Gemisch bestreuen.
4. Halbfettmargarine in den Mixtopf geben und **1 Min./37°C/Stufe 1** schmelzen. Mehl zugeben und **30 Sek./Stufe 3** vermengen.
5. Von dem Teig kleine Stücke zupfen und auf den Äpfeln verteilen.
6. Apple Crumble ca. 25-30 Min. bei 200°C im vorgeheizten Backofen backen.

Dazu passt:

Selbstgemachte Vanillesoße

15 g	Puddingpulver (Vanille)
1 P.	Vanillezucker
350 g	fettarme Milch

Rühraufsatz einsetzen. Alle Zutaten in den Mixtopf geben und **8 Min./90°C/Stufe 2** kochen.

Für die Berechnung: Soße gesamt = **2**

Kuchen & Desserts

Pro Portion:
5

Pro Stück:
Kcal: 378 | Fett: 7,3 g | Eiweiß: 4,3 g | KH: 37,9 g

Apfelpäckchen

4 Portionen

Zutaten:

300 g	Äpfel, geschält, geviertelt
4 Bl.	Filoteig
1 TL	Zucker
½ TL	Zimt
	Zitronensaft
	etwas Milch
	Buttervanillearoma

Zubereitung:

1. Apfelstücke in den Mixtopf geben und **4 Sek./Stufe 4** zerkleinern. Umfüllen und mit etwas Zitronensaft, Zucker und Zimt vermengen. Mind. 30 Min. ziehen lassen.
2. Apfelmasse gleichmässig auf den oberen Hälften der Filoteigblätter verteilen.
3. Filoteig an den Seiten einschlagen und vorsichtig einrollen. Auf ein mit Backpapier ausgelegtes Backblech legen.
4. Milch mit etwas Buttervanillearoma mischen und mit einem Pinsel die Apfelpäckchen damit bestreichen.
5. Im vorgeheizten Backofen bei 200°C ca. 10 Minuten goldbraun backen.

Tipp: Schmeckt prima mit Vanillesoße! Ein Rezept finden Sie auf Seite 88.

Pro Portion:
2

Pro Stück:
Kcal: 158 | Fett: 2,48 g | Eiweiß: 3,58 g | KH: 7,2 g

Platz für eigene Notizen